RAUM
8008S
bitte anklopfen
GRUPPENTIERAPIE

"DANN BIS NÄCHSTEN MITTWOCH", SAGTE DR. A. D. HASE.

"DONNERSTAG", KORRIGIERTE DIE NARZISMAUS TROCKEN.

"ICH BIN IMMER SO TRAURIG, WENN ES VORBEI IST", JAMMERTE DER BIPOLARBÄR.

"WIR HABEN DOCH GERADE ERST ANGEFANGEN", ERWIDERTE DIE NARZISMAUS SPITZ.

"ACH JA. STIMMT", SAGTE DR. A. D. HASE ÜBERRASCHT.

"TOLL, ICH FREU MICH SO", MEINTE DER BIPOLARBÄR. "GLAUBE ICH."

"VIERTEN SITZUNG UNSERER SELBSTHILFEGRUPPE",
WIEDERHOLTE DR. A. D. HASE

schluchtz

KLOPF

"Oh Gott, mein Hertf!", keuchte das HypoHippo erschrocken, während ein paar Tabletten aus seinem Mund plumpsten.

"Das war die Tür", brummelte der BorderCollie.

"Herein."

"Hereiiiin!"

"T'SCHULDIGUNG. ICH BIN ZU SPÄT, TÄT",
RIEF DAS GNURETTE UND STOLPERTE DURCH DIE TÜR.

"Nicht schlimm, wir wollten gerade gehen", sagte Dr. a. D. Hase.

"Loslegen", korrigierte die NarzisMaus.

"Mein ich doch."

"Wohin darf ich mich setzen, etzen, HUA?", fragte das Gnurette.

"Leg dich da drüben hin", empfahl Dr. a. D. Hase.

"Setzen. Setz dich auf den Stuhl neben mir", schlug die NarzisMaus vor.

"Oder das", murmelte Dr. a. D. Hase.

sitzt

steht

sitzt

steht

sitzt
BLEIB SITZEN!!

PI, PI, PINSELPOLITUR? KLICK, KLACK, ZNIRP! HUA, HUA?
GESUNDHEIT!

"DEM FEHLT NICHTS",
PRUSTETE DER BORDERCOLLIE.

"DA WIR NUN ALLE DA SIND,
LASST UNS DORT WEITERMACHEN,
WO WIR LETZTEN MITTWOCH AUFGEHÖRT HABEN", UNTERBRACH DR. A. D. HASE.
"DONNERSTAG", KORRIGIERTE DIE NARZISMAUS STRENG.

"LETZTEN DONNERSTAG", WIEDERHOLTE DR. A. D. HASE ETWAS UNSICHER.
"VORLETZTEN", FÜGTE DIE NARZISMAUS UNGERÜHRT HINZU.
"VORLETZTEN DONNERSTAG AUFGEHÖRT HABEN",
SAGTE DR. A. D. HASE.

RUUHHHEE!!

"Ich hatte euch erzählt, wie ich im Mondlicht
Pirouetten drehe",
berichtete der BipolarBär strahlend.

"Gut, dann machen wir da weiter",
sagte Dr. a. D. Hase.
"Jeder erzählt, worin er besonders gut ist."

"Dann bin ich jetzt dran",
verkündete die NarzisMaus unverzüglich.

"Mit was?", fragte Dr. a. D. Hase.
"Mit Erzählen."
"Ach ja, stimmt", murmelte Dr. a. D. Hase.

"Besonders gut bin ich darin, vor dem
Spiegel zu stehen und mich von allen
Seiten zu betrachten. Ohne zu blinzeln",
sagte die NarzisMaus stolz.

"Gu, gu, Gurkenkönig! Hua?", rief das Gnurette unvermittelt.

"Danke, ihr beiden. Und du?", fragte Dr. a. D. Hase und und richtete seinen Blick auf das
HypoHippo.

"Iff kann die Farbe meiner Tabletten ffmecken", sagte das HypoHippo mit vollem Mund, während es noch zwei Pillen dazuwarf.

"Blau und rot."

"Wunderschön!", rief der BipolarBär begeistert.
"Das machst du wirklich großartig!"

"Klingt tatsächlich nach einem seltenen Talent",
meinte Dr. a. D. Hase nachdenklich. "Und was ist mit dir?"
Er schaute zum BorderCollie.

GEHT DICH NICHTS AN.
SO SCHÖN!

"Gut", sagte Dr. a. D. Hase mit einem zufriedenen Nicken.
"Nun, da wir uns alle mit Namen vorgestellt haben, können wir zur nächsten Übung übergehen."

"Ift die gefährliff?", fragte das HypoHippo ängstlich, wobei eine Tablette aus seinem Mund rutschte.

"Solange man sich ruhig verhält und nicht nach ihr schlägt, tut sie einem nichts... hab ich gehört", sagte Dr. a. D. Hase vage.

"Die Übung! Ob die gefährlich ist!",
warf die NarzisMaus bestimmt ein.

"Ach so", sagte Dr. a. D. Hase langsam, als er seinen Blick träge von der Biene vorm Fenster löste.
"Nein, die Übung ist nicht gefährlich. Soweit ich mich erinnern kann."

Dr. a. D. Hase begann in seiner Tasche zu kramen.

Und kramte.

Und kramte.

Und saß still.

ALLE STARRTEN GESPANNT AUF DR. A. D. HASE,
DER REGUNGSLOS DASASS.

DOSENWURST!
HUA?

schreck
HÖR AUF MIT DEM MIST!

Dr. a. D. Hase schüttelte kurz den Kopf
und zog einen zerknitterten Zettel hervor.

JÄGERSCHNITZEL!
Du meinst Schnitzeljagd.

"Sag ich doch",
erwiderte Dr. a. D. Hase gelassen.

"Schnitzel machen mich unfassbar traurig",
grummelte der BipolarBär weinerlich.

"Schni, schni", der BorderCollie hielt dem Gnurette schnell den Mund zu.
"MuA? GniG, gnAG, NirB!"

"Auf diesem Zettel steht der Hinweis, wo wir den Schatz finden",
sagte Dr. a. D. Hase und hielt das zerknitterte Stück Papier triumphierend
in die Luft.

"Ich lese vor", sagte die NarzisMaus und riss ihm den Zettel aus der Hand.

WAS IST DAS DENN FÜR EIN DÄMLICHER HINWEIS?

"Nun müssen wir gemeinsam überlegen, wo der Schatz sein könnte",
erklärte Dr. A. D. Hase.

"Das ist so schön", warf der BipolarBär mit glänzenden Augen ein.

"Aber es steht doch schon da! Auf der verdammten
Parkbank vor dem verdammten Haus!",
brüllte der BorderCollie außer sich.

"Der hat nix!", schrie der BorderCollie.

"Lasst uns einfach nach dem Schatz suchen",
unterbrach die NarzisMaus trocken.
"Ich gehe voran."

Die gesamte Gruppe stand auf.
Das Gnurette setzte sich nochmal.
Stand wieder auf.
Setzte sich.
Stand auf und trottete den anderen schließlich hinterher.

"Moment", sagte das HypoHippo, während es sich akribisch Sonnencreme auf die
Stirn schmierte.
"Jetzt."

Alle raus aus der Tür.
In Richtung Parkbank.

ANGEKOMMEN.

heul
HIER IST NICHTS.

"Aber er muss hier sein", sagte Dr. a. D. Hase.
"Das hat der Mann im Radio doch gesagt."

"Weit und breit nichts zu sehen", schluchzte der BipolarBär.
"Nur dieser wunderschöne Vogel da drüben auf dem Baum! So farbenfroh!
So lebendig!", strahlte der BipolarBär.

Alle schauten zum ParaPapagei.

"EINEN WAS, HE?",
FRAGTE DER ParaPapagei MISSTRAUISCH ZURÜCK.

"OB DU EINEN SCHATZ GESEHEN HAST?",
KORRIGIERTE DIE NarzisMaus GENERVT.

WER HAT EUCH GESCHICKT, HE?
DIE FREUNDLICHE STIMME AUS DEM RADIO.

IHR HÖRT
SIE AUCH!?

"Blödsinn", stellte die NarzisMaus kühl klar.
"Wir machen eine Schnitzeljagd. Laut Hinweis muss der Schatz hier irgendwo sein. Hast du ihn gesehen?"

"Stimmt, imt", bestätigte das Gnurette.
"Der Schatz muss hier sein. KLICK, KLACK."

"Ein Schatz, he?", flüsterte der ParaPapagei mit verschwörerischem Ton, während er elegant vom Baum herabflatterte.
"So einen habe ich tatsächlich gesehen. Kommt näher, damit ich euch sagen kann, wo er ist."

ALLE VERSAMMELTEN SICH UM DEN PARAPAPAGEI.

DAS HYPOHIPPO BLIEB ETWAS AUF ABSTAND. VORSICHTSHALBER.

ER WURDE GESTOHLEN.

Dem HypoHippo kullerte vor Schreck eine grüne Pille aus dem Mund.

"Ich habe gesehen, wie jemand langsam damit weggelaufen ist",
erklärte der ParaPapagei stolz.

"Wo ist er hin?",
fragte die NarzisMaus ungeduldig.

"Das könnte ich euch verraten",
antwortete der ParaPapagei.

DOCH ZUERST
MUSS ICH EUCH ABTASTEN,
UM SICHERZUGEHEN,
DASS IHR NICHT...
VERKABELT SEID!

Unangenehme Stille.

knurrrr

SAG UNS ENDLICH,
IN WELCHE RICHTUNG
DIESER ELENDE DIEB
VERSCHWUNDEN IST!

"Ich sag's ja schon",
krächzte der ParaPapagei.
Zu dem Hügel dort hinten.
schüttel

Auf zu dem Hügel dort hinten.

Der BorderCollie ging entschlossen voraus.

Alle anderen folgten schweigend.

WAS... WAS MACHT IHR DENN HIER?

"Wir sind auf Schatzsuche!",
antwortete der BipolarBär überglücklich.

"Auf g-g-g-gar keinen Fall!",
rief das Post-Dramadillo entsetzt.
"Ich bleibe einfach nur hier und mache m-m-meine Augen zu."

"H-H-H-Hier ist der einzige Ort, an dem i-i-i-ich sicher bin",
antwortete das Post-Dramadillo mit zittriger Stimme.
"Überall sonst habe ich sch-sch-SCHRECKLICHES erlebt."

"Oh je. Waff denn?", fragte das HypoHippo nervös.

"Hier ein Brief f-f-falsch adressiert, da ein P-P-Paket zu schwer, dort ein bellender
H-H-Hund. Ach... ich will nicht darüber sprechen. So FÜRCHTERLICH war es!",
jammerte das Post-Dramadillo.
"Wenn ich auch nur ein einziges Mal w-w-w-wieder von diesem Hügel heruntermuss,
bringen m-m-mich meine Erinnerungen sicher ins Grab."

"Das klingt toll!", warf der BipolarBär freudestrahlend ein.

"W-w-was?", das Post-Dramadillo starrte ihn mit weit aufgerissenen Augen an,
während ihm Tränen in die Augen schossen.

HÖRT AUF
ZU HEULEN
IHR WEICHEIER!

"Vielleicht kannst du uns trotzdem helfen, den Schatz zu finden",
versuchte die NarzisMaus, das Post-Dramadillo abzulenken.
"Der wurde nämlich gestohlen, und der Dieb muss hier vorbeigekommen sein."

"Ein D-D-Dieb?", überlegte das Post-Dramadillo zitternd und schniefte laut.
"Vorhin hat eine merkwürdige Gestalt v-v-v-versucht, den Hügel hinaufzugehen.
Ist dann aber ein p-p-p-paar Mal hingefallen und einfach weitergetrottet".

"HUA? WEG, WEG, WEGSTECKEN! ZNIRP!",
rief das Gnurette aufgeregt, während es sich dreimal an den Kopf klopfte.

"Genau", sagte die NarzisMaus zustimmend.
"Das muss der Übeltäter gewesen sein!"

"Wem ift übel?", fragte das HypoHippo leise.

Der BorderCollie rollte mit den Augen.

"Uns geht's allen gut", beruhigte die NarzisMaus.

"Dem Dieb nicht, wenn ich ihn in die Pfoten kriege!", drohte der BorderCollie.

"Aber wohin fährt der Zug denn jetzt?", warf Dr. a. D. Hase plötzlich ein.

"W-w-w-welcher Zug?", fragte das Post-Dramadillo verwirrt.

"Wohin der Dieb gelaufen ist, will er wissen", klärte die NarzisMaus auf.

"Das auch", ergänzte Dr. a. D. Hase.

"Hier a-a-auf meiner Gefahren-Karte habe ich die Stelle mit einem X markiert",
sagte das Post-Dramadillo ermutigend und gab den anderen seine Karte.

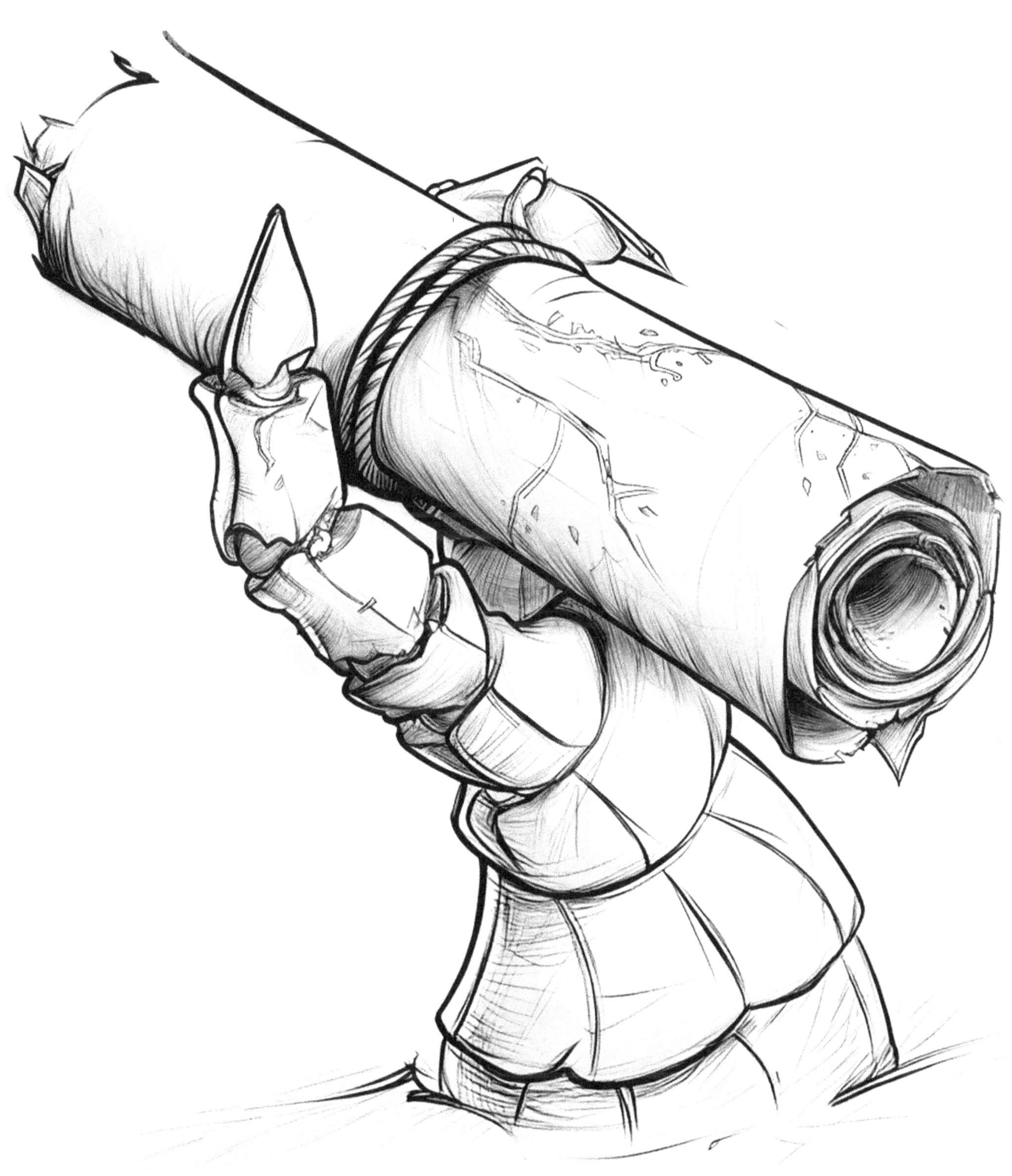

entsetzlich
abscheulich
grauenhaft
schrecklich

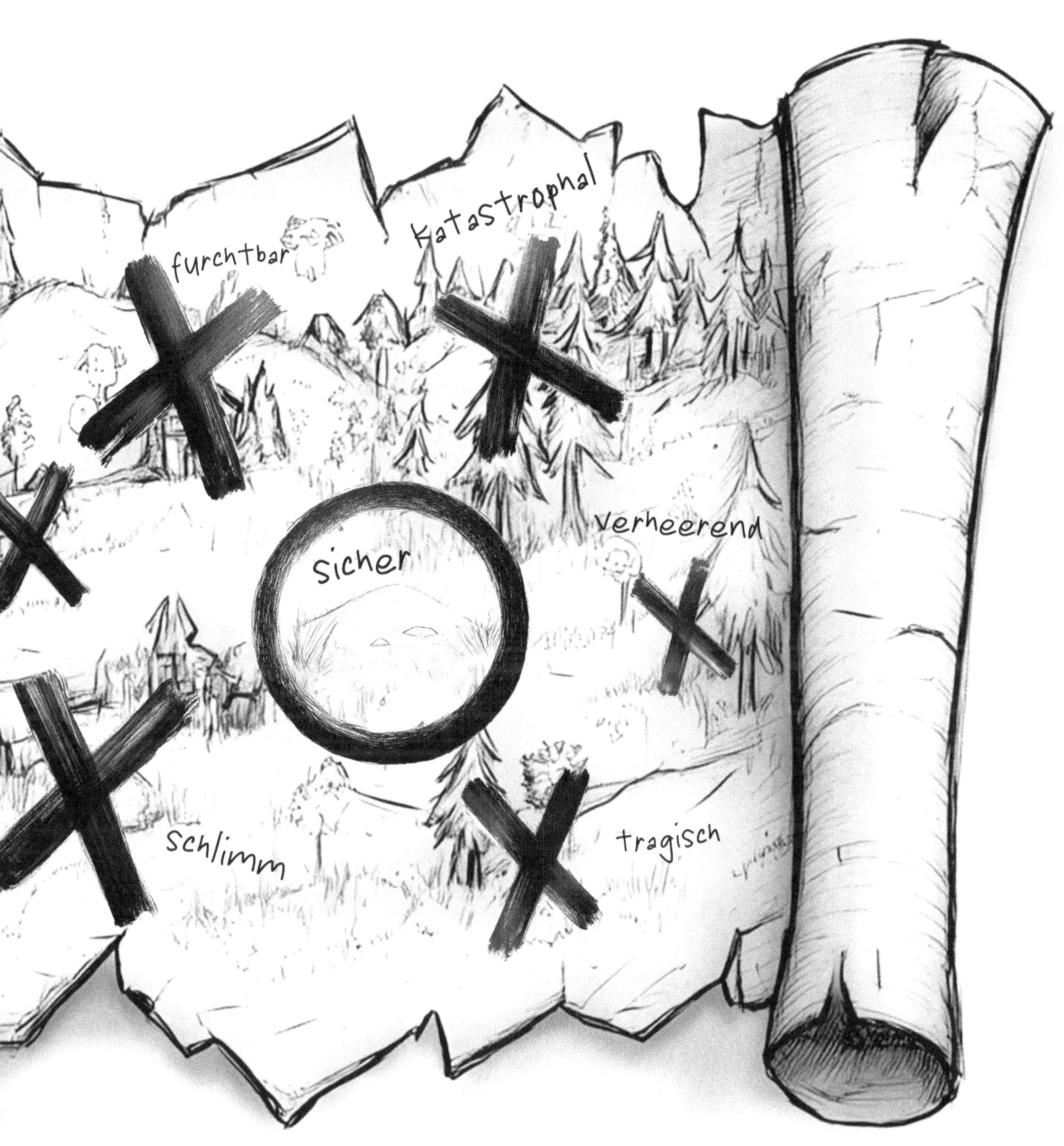

furchtbar
Katastrophal
Sicher
Verheerend
Schlimm
tragisch

"Da ift ja allef darauf markiert",
stellte das HypoHippo fest, während es eine Tablette zerkaute.

Das Post-Dramadillo betrachtete seine Karte, als würde genaues Hinsehen sie weniger sinnlos machen.

"Das... ist allerdings richtig...",
murmelte es resignierend.

"Ich danke dir von Herzen!",
rief der BipolarBär begeistert und breitete die Arme aus,
um das Post-Dramadillo zu umarmen.

"K-k-k-k-komm mir nicht z-z-zu nah!",
schrie das Post-Dramadillo panisch
und kugelte sich noch enger zusammen.

Der BipolarBär klopfte dem Post-Dramadillo stattdessen dankend auf die Schulter.
Oder das, was er für seine Schulter hielt.

Das Post-Dramadillo begann
langsam zu rollen.

SEID
VERFLUUUUUCHT!!!

ALLE DREHTEN SICH UM UND LIEFEN SO SCHNELL SIE KONNTEN IN RICHTUNG WALD.

Eine Lichtung kam in Sicht.

"Daf da vorne muff er fein!",
flüsterte das HypoHippo, während die Gruppe sich der Lichtung näherte.

"Sieht müde aus", stellte Dr. a. D. Hase fest.

"Vermutlich vom Weglaufen",
sagte die NarzisMaus.

"LASST. MICH.", SAGTE DER DEPRESEL TONLOS, OHNE AUCH NUR DEN KOPF ZU HEBEN.

"RÜCK, ÜCK DEN SCHATZ RAUS! HUA? DÜBELZWERG! ZNIRP!", SCHRIE DAS GNURETTE HEKTISCH.

"ALLES. SINNLOS.", ERWIDERTE DER DEPRESEL MONOTON UND STARRTE INS NICHTS

"HERRLICH", STRAHLTE DER BIPOLARBÄR.

"Ich glaube, so funktioniert das nicht", stellte die NarzisMaus fest.
"Kannst du uns bitte unseren Schatz zurückgeben?",
fragte sie mit honigsüßer Stimme.

"Alles. Schmerzt.",
murmelte der DeprEsel kraftlos.

"If hab' waf gegen Fmerzen",
sagte das HypoHippo eifrig
und steckte dem Depresel blitzschnell
eine rote Tablette in den Mund.

"Ef wirkt", sagte das HypoHippo enthusiastisch.
"If geb' ihm noch eine!"

Mit der Präzision eines Apothekers verabreichte es
dem DeprEsel kurzerhand eine gelbe Pille.

"Jemand hat ihn. Ist damit weggerannt",
antwortete der DeprEsel mit lebloser Stimme.

"Nicht schon wieder", stöhnte Dr. a. D. Hase.
"Da verliert man ja komplett den Überblick."

"Schieb noch eine hinterher", befahl der BorderCollie unbeeindruckt.

Das HypoHippo warf dem DeprEsel noch eine blaue Tablette in den Rachen.

"Mit einer großen Truhe. Hinaus aus dem Wald", fügte der DeprEsel hinzu.

"WIE SAH ER AUS? WANN WAR DAS UND WO IST ER HIN?",
schrie der BorderCollie den DeprEsel an, bevor er sich an das HypoHippo wandte.
"NICHT SO ZIMPERLICH, IMMER REIN DAMIT!"

Das HypoHippo seufzte leise, kramte in seinem Vorrat und nahm drei blaue, eine grüne,
zwei weiße, eine rote und zwei gelbe Tabletten. Ohne Umschweife
schob es sie dem DeprEsel in den Mund.

Es ist noch keine fünf Minuten her, da habe ich mit meinen eigenen Augen gesehen, wie jemand mit einer wirklich schweren Schatztruhe in beiden Armen, schwankend wie ein Grashalm im Wind, hinaus aus dem Wald zu diesem grauen, tristen - wenn ihr mich fragt, ziemlich deprimierenden - Haus im Osten gewankt ist.

UND WIE SAH DER DIEB AUS?

ER SAH AUS WIE...
WIE...

"Du hast ihn kaputt gemacht",
stellte Dr. a. D. Hase nüchtern fest, während er den DeprEsel mit einem Stock
vorsichtig anstupste.

Keine Reaktion.

"Der wird schon wieder",
sagte der BorderCollie mit einem Schulterzucken und blickte zum HypoHippo,
das nur wortlos zurückzuckte und seine Tabletten sortierte.

"Lasst uns lieber weitergehen, bevor der Dieb uns endgültig abhängt",
warf die NarzisMaus ein.
"Er kann noch nicht weit gekommen sein."

Die Gruppe ging schnellen Schrittes zum grauen Haus im Osten.
Letztlich waren alle angekommen. Etwas außer Atem.

"Das Haus kommt mir bekannt vor",
sagte Dr. a. D. Hase und kratzte sich nachdenklich am Kopf.

"Von hier sind wir gekommen",
resignierte die NarzisMaus mit einem genervten Seufzer.

"DIE TÜR, ÜR STEHT OFFEN. KLICK, KLACK!",
RIEF DAS GNURETTE, SCHLOSS DIE TÜR, ÖFFNETE SIE WIEDER, SCHLOSS SIE ERNEUT UND ÖFFNETE
SIE ABERMALS.

"HÖRT MAL", FLÜSTERTE DAS HYPOHIPPO. "DA DRIN IFT JEMAND."

"DEN SCHNAPPEN WIR UNS!",
RIEF DER BORDERCOLLIE UND STÜRMTE DURCH DIE TÜR.

DER REST DER GRUPPE FOLGTE IHM HASTIG.

TATSÄCHLICH STAND IM INNEREN JEMAND MIT EINER SCHATZTRUHE IN DEN ARMEN.

"GIB UNS UNSEREN SCHATZ ZURÜCK!",
BRÜLLTE DER BORDERCOLLIE UND HOB DROHEND DIE FÄUSTE.

"WAS?", FRAGTE DER WALZHEIMER UND SCHAUTE SIE VERWIRRT AN.

"Unseren Schatz!", stellte die NarzisMaus nochmal klar.

"Wie?", fragte der Walzheimer und betrachtete die Truhe,
als hätte er sie zum ersten Mal gesehen.

"Stell, ell dich nicht dumm. HUA?",
rief das Gnurette und fuchtelte wild mit den Armen.
"Wirf die Truhe rüber. ZNIRP!"

"Wer?", fragte der Walzheimer ratlos in die Runde.

"Mit dem ftimmt waf nicht", murmelte das HypoHippo besorgt.

Der BipolarBär kicherte fröhlich vor sich hin.

Das HypoHippo steckte seine Pillen wieder ein.

"Warum hast du unsere Schatztruhe gestohlen?",
knurrte der BorderCollie den Walzheimer an.

"'Gestohlen' ist relativ…", murmelte Dr. a. D. Hase und wich einen Schritt zurück.

Die NarzisMaus wirbelte herum. "Relativ?"

"Na ja, stehlen ist ein breiter Begriff…", begann Dr. a. D. Hase nervös.

"Wie würdest du es denn nennen?", fragte der BorderCollie lautstark nach.

"Auf etwas aufpassen… und vielleicht ein bisschen damit herumlaufen?",
schlug Dr. a. D. Hase schüchtern vor.

"Aufpassen und herumlaufen?", wiederholte die NarzisMaus ungläubig.
"Heißt das, du wusstest die ganze Zeit, dass er den Schatz hat?"

"Es war mehr so eine... 'Hier, pass mal kurz für mich darauf auf und warte auf der Parkbank'-Situation", stammelte Dr. a. D. Hase und wich einen weiteren Schritt zurück.

Das Gnurette machte sich an der Schatztruhe zu schaffen. "Wir brauchen einen Schlüssel! ZNIRP!"

Alle starrten Dr. A. D. Hase an. Nur der Walzheimer schaute an die Decke.

"Hier ist er. Nur keine Panik",
sagte Dr. A. D. Hase ruhig und zog einen kleinen Schlüssel aus seiner Tasche.

DAS GNURETTE SCHNAPPTE SICH DEN SCHLÜSSEL, ENTSPERRTE DAS SCHLOSS. DREHTE DEN SCHLÜSSEL NOCHMAL NACH LINKS. DANN NACH RECHTS. DANN NACH LINKS. NOCH EINMAL RECHTS. SCHLIEßLICH RISS ES DIE TRUHE AUF.

Ein ohrenbetäubender Knall ertönte,
als schwarze Leere aus der Truhe strömte,
das Gnurette umschlang und es mit einem lauten Zischen hineinriss.

DAS GNURETTE VERSCHWAND SCHREIEND
IN DER SCHWARZEN LEERE.
DANN DUNKELHEIT.
STILLE.

EIN LICHT FLACKERTE SCHWACH IN DER FERNE.

"Mit wem spreche ich gerade?", fragte der Doktorfisch leise,
als der Raum langsam heller wurde.

"HUA? KLICK, KLICK! ZNIRP!"

"Ah, du bist es", sagte der Doktorfisch.
"Ich habe dich bei unserer letzten Therapiesitzung vermisst. Wo warst du?"

"Auf Schnitzeljagd, HUA? Wir haben zusammen einen Dieb verfolgt.
Dabei sind ein paar - na ja, sagen wir, auf der Strecke geblieben. ZNIRP!
Aber wo sind die anderen jetzt?"

Der Doktorfisch lächelte, notierte zufrieden etwas in seiner Akte
und schob einen Spiegel in die Mitte des Raums.

"Sie existieren nicht."

"Heiliger Handhobel. Klick, klack!",
schrie der MultipersoPanther, als er sein Spiegelbild sah.

Und die Moral von der Geschicht':
Ein bisschen Lachen schadet nicht.

Das Gleiche gilt übrigens für eine Bewertung im Netz.

Okay, okay... das war ein recht plumper Versuch, ordentlich Sterne abzugreifen - aber falls er funktioniert: Vielen Dank!

Noch nicht verrückt genug?

Dann schau' doch mal bei dieser Therapiesitzung vorbei:

PaarTIERapie

Hier werden Beziehungsklischees liebevoll zerlegt, Vorurteile genüsslich bedient

und Missverständnisse auf die Spitze getrieben

– mal treffsicher über, mal gnadenlos unter der Gürtellinie.

Gewidmet allen,
die mit Erkrankungen des Geistes ringen
und denjenigen, die sie täglich begleiten.

Auf dass eure Sorgen für einen kurzen Moment einem Lächeln weichen mussten.

Irgendwann im November 2024

Text: Peter Stein
Illustration: Peter S.
Satz: P. Stein
Lektorat: P. S.
Verlag: Selbstverlag